AF248447

97
m
22205

GEORGES D'HÉLIAND

PAR

LE COMTE DE SÉGUR.

GEORGES D'HÉLIAND

par

LE COMTE DE SÉGUR

Auteur des Martyrs de Castelfidardo.

ANGERS,

IMPRIMERIE DE LAINÉ FRÈRES, RUE SAINT-LAUD, N° 9.

1864.

GEORGES D'HÉLIAND.

Dieu est admirable dans toutes ses voies, et les desseins de sa justice sont adorables comme ceux de sa miséricorde. Qu'il frappe ou qu'il guérisse, qu'il laisse la mort faire son œuvre ou qu'il ressuscite, qu'il se cache pour un temps ou qu'il se manifeste, il dispose toujours toutes choses avec force et avec suavité, pour la plus grande gloire de son nom et pour le plus grand bien de ses élus. Soit qu'il abandonne le saint homme Job à la rage de Satan, et que, nu, dépouillé de tout, sans asile, sans enfants, il l'étende comme un cadavre vivant, et déjà rongé par des vers sur sa couche de fumier, soit qu'il lui rende la santé, la fortune, les joies de la richesse et d'une nombreuse postérité, il est toujours le même Dieu, celui que dans la sublime familiarité de son amour, le peuple chrétien appelle le bon Dieu, et même, pour qui sait juger les choses divines avec l'Esprit de Dieu, sa bonté apparaît plus grande encore dans les épreuves qu'il envoie à ses plus fidèles amis, que dans les consolations qu'il leur donne.

On lit dans l'Evangile que le divin Sauveur Jésus, étant près des portes de Naïm, rencontra le convoi funèbre d'un jeune homme qu'on emportait pour l'ensevelir. Or, ce jeune homme était le fils unique de sa mère, et sa [mère était veuve. En la voyant, le Seigneur fut ému de compassion, et lui dit : « Ne pleurez pas. » Et, s'approchant, il toucha le cercueil.

Ceux qui le portaient s'arrêtèrent, et il dit : « Jeune homme, je vous le commande, levez-vous. » Aussitôt, celui qui était mort se souleva, et il commença à parler. Et Jésus le rendit à sa mère.

Voilà, certes, un ravissant spectacle, et Dieu s'y manifeste clairement par la toute-puissance et par la toute bonté. Eh bien, ce même Dieu, ce même Seigneur Jésus, maître éternel de la vie et de la mort, a vu de nos jours, dans un coin de la France, une autre veuve et un autre fils unique, qui s'aimaient tendrement, et qui mettaient leur joie dans ce mutuel amour. Il n'était pas nécessaire qu'il fît violence aux lois de la nature pour les réunir : le jeune homme était plein de jeunesse et de santé; il avait dix-huit ans, il rayonnait de vie,

d’innocence et de beauté, et la mère oubliait presque
son veuvage en regardant son fils.

Or, Dieu résolut de demander à cette mère le sacrifice
d’Abraham, et de le laisser s’accomplir. Il résolut d’ap-
peler à lui cette jeune âme, de laisser l’âme de la femme,
déjà mûrie par la solitude et la douleur, achever de se
sanctifier dans une douleur et une solitude plus grandes
encore. Il envoya à l’enfant l’inspiration de se sacrifier
pour son Église; à la mère la force d’y consentir, que
dis-je ? de le désirer !

Cette femme était la comtesse d’Héliand, et ce jeune
homme était Georges d’Héliand, un des martyrs de
Castelfidardo. O beauté des âmes chrétiennes! ô gran-
deur de l’humanité purifiée, régénérée, élevée au-dessus
d’elle-même par l’amour sanglant et crucifié de Jésus-
Christ !

Vainement le curé de madame d’Héliand la supplia
de faire remplacer par un volontaire, qu’elle solderait,
ce fils, l’espérance de son nom, le seul qui pût continuer
dans le pays les saintes traditions de sa famille, ses
bonnes œuvres, ses bons exemples. « Monsieur le curé,
répondit-elle, ce ne serait la même chose ni pour lui,
ni pour moi, car le dévouement ne se remplace pas. »

Georges d'Héliand partit en effet, mais avant de raconter et son départ et l'accomplissement de son sacrifice, je dois dire quelque chose de sa naissance, de sa famille et des dernières années de sa courte et aimable vie.

Il naquit à Angers le 25 janvier 1842. Sa famille, déjà illustre au temps des Croisades, avait donné plusieurs guerriers à ces saintes et héroïques entreprises, folles aux yeux des sages de ce monde, sages et profondes aux yeux des chrétiens, et qui réussirent, comme la plupart des choses vraiment bénies de Dieu, par la défaite apparente et le sang répandu de ceux qui les tentèrent. A huit siècles de distance, la nouvelle croisade entreprise avec une semblable issue, contre les musulmans de nos jours, compta dans ses rangs le jeune descendant des antiques croisés. L'héritage de la foi était venu jusqu'à lui avec le nom de ses pères, et le dernier rejeton de cette race illustre et catholique mourut, comme il convenait, les armes à la main, moissonné à la fleur de l'âge, sur le champ d'honneur de l'Église et de la Papauté.

Il avait à peine 18 ans, et il sortait du pieux collége de Vannes, prêt à poser le pied dans ces charmantes années de l'existence, où l'heureuse insouciance de

l'enfant, la gaieté de l'adolescent, les joies premières
de la liberté et les plaisirs déjà virils du jeune homme,
se mêlent si délicieusement et font de cet âge, surtout
pour les âmes pures et chrétiennes comme celle de
Georges d'Héliand, le vrai printemps et l'aimable florai-
son de la vie. C'est à ce moment même que l'enfant
prédestiné conçut et exécuta la résolution de tout abandonner de ses joies et de ses espérances, pour courir au
champ de bataille de la foi, au sacrifice total de lui-
même et à la mort sanglante des martyrs !

Dès le 3 juillet son parti était pris, et après avoir
passé dans le recueillement et la prière le temps d'é-
preuve que sa mère avait cru prudent de lui imposer, il
écrivait à cette mère vraiment chrétienne :

« J'ai bien pensé à la réponse que je devais vous donner aujourd'hui. Il me semble que, puisque vous voulez
bien faire le sacrifice de me laisser partir, le bon Dieu
m'accordera le courage nécessaire pour faire cette cam-
pagne. J'aurai autant de peine à vous quitter que vous à
me voir partir. Je sais bien que la séparation sera très-
dure, mais si c'est la volonté de Dieu, comme je le crois,
vous-même m'avez dit qu'il ne fallait pas attendre plus
longtemps. Il nous donnera du reste, à tous les quatre,
la force pour supporter cette épreuve. Une fois là-bas ,

il y a, je le sais bien, mille chances contre une pour que je ne revienne pas. Si j'y meurs, les souffrances que j'y aurai endurées m'éviteront, j'espère, du temps de purgatoire, et, si je reviens, je ne sais quoi me dit que je serai écloppé par quelque bout. *Je n'aurai donc qu'à y gagner.* Vous m'avez dit souvent que vous vouliez mon salut avant tout; il me semble que ce n'est pas un mauvais moyen pour l'obtenir. D'ailleurs, le P. de B. qui jusqu'alors n'avait, par délicatesse, voulu me donner aucun conseil, m'a dit que la seule chose qu'il pouvait me dire, c'était que Zacharie et moi nous serions bien plus exposés si nous étions séparés l'un de l'autre que si nous étions réunis. Ceci fait donc que je suis décidé, si vous le trouvez bon, à partir dès que je serai guéri...»

Ce consentement que demandait Georges à sa mère, sa mère le lui avait donné par avance, puisqu'elle avait eu le courage surhumain de désirer ce sacrifice. La seule condition qu'elle y avait posée, c'était qu'il ne se mêlât à la résolution de son Georges aucune pensée humaine. « Surtout, lui avait-elle dit, si tu pars, ne le fais que pour le bon Dieu, afin d'avoir le mérite de tes peines. » Et elle écrivait à ce même moment :

« Pour tout autre raison que celle de soutenir la religion et les droits du Saint-Père, je ne lui permettrais pas de partir ! » Tant l'ombre même d'une préoccupation politique était étrangère à sa détermination et à celle de son fils? Georges d'Héliand s'apprêta donc à partir avec un de ses cousins germains qui était en même temps son plus intime ami. Voici comment, à la veille de son départ, le 30 juillet, il annonçait à un saint prêtre, qui l'avait en partie élevé, cette grande résolution :

« ... Je n'ai plus que quelques instants avant le départ de Paul : je ne veux pas le laisser partir sans vous remercier de votre bonne lettre et vous dire que je compterai toujours sur vos prières pour m'aider là-bas. Nous partons demain soir à neuf heures; ma mère a toujours le même courage : je voudrais bien que le bon Dieu m'en donnât autant qu'elle en a. C'est une séparation bien dure, c'est peut-être la dernière fois que je verrai ma mère et mes sœurs. Je me console en pensant que je vais à Rome pour défendre la cause de Dieu. Si je reviens, pour ma mère je l'en bénirai; si j'y meurs, j'ai la pleine confiance que ce sera pour mon plus grand bien... J'ajoute aux 30 francs que je vous ai laissés une petite offrande que Paul vous remettra. J'ai reçu de nos parents, auxquels je suis allé faire mes adieux, une certaine quantité d'argent qui me permet d'offrir quelque chose à la sainte Vierge ; je voudrais pouvoir vous donner davantage. Adieu, mon bon Père, priez beaucoup

*

pour nous. Je vous écrirai certainement de Rome le plus tôt que je pourrai. J'ai tant de fautes à expier que je suis content d'en avoir trouvé une si bonne occasion; je puis dire que c'est surtout à cause de cela que je pars. »

Telle est l'humilité de cet innocent et pieux jeune homme de 18 ans! le dévouement à l'Église, le désir d'expier ce qu'il appelait ses grandes fautes, voilà le seul et pur mobile de son départ et de son sacrifice.

Ce fut le 31 juillet au soir qu'il partit avec son cousin Zacharie du Reau, et qu'il embrassa sa mère et ses sœurs pour la dernière fois. Georges d'Héliand avait passé cette journée dans une agitation extrême, troublé par le pressentiment de la mort qui l'attendait en Italie. Il écrivit plusieurs lettres où il épanchait son âme, n'osant le faire avec sa mère et ses sœurs dans la crainte de les attrister. Une de ses sœurs lui ayant dit : « Nous nous dirons ce soir au revoir! » il répondit : « Oh ! non, ce sera adieu ! » Cette amertume du calice entrevu et accepté n'a manqué à aucune de ces pures victimes de Castelfidardo.

Je ne crois offenser aucune délicatesse chrétienne ni blesser la plus sainte des humilités, en citant un passage d'une lettre où Mme d'Héliand racontait le départ de son fils. On a tellement dénaturé les motifs et les sentiments des volontaires de l'armée pontificale et de leurs familles, qu'il est nécessaire de faire toucher du doigt la vérité à ceux qui n'ont pas rompu à tout jamais avec la bonne foi.

« ... Je vous remercie de tout cœur de votre bonne lettre et de celle que vous avez écrite à mon Georges. Vos prières nous ont aidés au moment de la séparation. Nous avions tous le même désir de cacher notre émotion pour ne pas augmenter le chagrin mutuel, et nous nous sommes embrassés bien tendrement, mais bien *raisonnablement*. Pauvres enfants ! que Dieu et sa sainte Mère les conduisent droit au pied de leur trône, et nous serons bien dédommagés de nos sacrifices. N'est-ce pas pour les lui rendre que Dieu nous a donné des enfants ?... Redoublons de prières pour que tout se passe pour la gloire de Dieu et le salut des âmes. »

Elle écrivait encore vers la même époque :

« ... Je n'ai pas besoin de vous dire l'étendue de mon sacrifice en laissant partir mon Georges, et chaque fois que j'ai embrassé d'un coup d'œil les tristesses, les inquiétudes, les souffrances physiques et morales qui en seront la suite pour tous, je vois un abîme sans fond dont on ne peut se faire aucune idée. Mais, enfin, il faut bien chercher avant tout la volonté de Dieu, et je dois faire pour sa cause ce que je n'eusse fait pour aucun autre, si l'honneur ne l'avait pas commandé. J'ai tout abandonné à Dieu, je lui ai demandé de si bon cœur, je crois, qu'il en arrivât ce qui serait pour sa gloire et le salut de mon Georges, que je ne puis voir dans son départ que la manifestation de cette volonté divine que je ne pouvais connaître autrement. »

En vérité, on ne peut trop en vouloir au monde qui n'est qu'égoïsme et vanité, de ne pas comprendre de pareils dévouements et de ne pas croire à une si complète abnégation. Il faut être chrétien pour comprendre ces choses du ciel, comme il faut être chrétien pour les accomplir.

Voilà la mère que Georges d'Héliand quitta le 31 juillet 1860, pour ne la jamais revoir. Il partit d'Angers avec son cousin Zacharie, bien émus tous les deux, mais forts de leur confiance en Dieu et de la protection de la sainte Vierge et de sainte Anne, l'aïeule de Notre Seigneur, la douce et puissante patronne de toute la Bretagne.

Ils avaient promis, s'ils revenaient sains et saufs de

leur expédition, de venir en pélerinage d'actions de grâces à ce sanctuaire béni de sainte Anne, si souvent témoin de leur fervente piété. MM. de Chalus et de Muller avaient fait le même vœu. Au retour de Castelfidardo, M. de Muller et Zacharie seuls purent s'acquitter de leur promesse ! M. de Muller fit plus, il prit l'habit de saint François au noviciat des Pères Capucins.

Partis le 31 juillet, Georges et son cousin s'arrêtaient à Lyon le samedi 4 août, communiaient au sanctuaire de Notre-Dame de Fourvières, et le lendemain ils arrivaient à Marseille.

Le 6, le paquebot le *Quirinal* emportait les deux croisés vers Rome. Arrivés le 8 dans la ville éternelle, ils y restèrent une semaine, qu'ils employèrent à visiter les principaux monuments religieux. Comme la plupart de leurs camarades, ils obtinrent une audience du Saint-Père, et, plus favorisés que beaucoup d'autres, ils eurent le bonheur insigne d'assister à sa messe et de communier de sa main. Cette communion fut pour Georges d'Héliand le viatique du combat et du suprême voyage.

Le jour de l'Assomption ils se rendirent à Sainte-Marie-Majeure, où le Pape officiait pontificalement, et assistèrent ensuite, avec une religieuse émotion, à la bénédiction donnée par le Saint-Père, du balcon de la basilique. Georges, dans son admiration, racontait «qu'il lui semblait que Pie IX s'enlevait au ciel, et que tout en lui respirait une douceur , une sainteté inexprimable. »

Ce fut le 16 août qu'ils s'engagèrent définitivement, et que commença pour ces braves jeunes gens la vie militaire avec ses épreuves et ses duretés bien prévues et courageusement acceptées. Georges, en écrivant à sa mère, décrivait joyeusement leur couchette : « Un sac de paille pour matelas , une imagination d'oreiller de même nature , deux draps n'ayant servi que six mois , le tout placé sur une planche et deux tréteaux. »

Le 27, après avoir été recevoir en corps la bénédiction du Saint-Père et une médaille de l'Immaculée Conception, on les fit partir pour le camp de Terni. Le premier jour ils remontèrent le Tibre en bateau à vapeur , marchèrent toute la nuit du lendemain, et le soir du second jour ils arrivèrent au camp exténués , mais bien portants et pleins d'énergie. Georges d'Héliand supporta admirablement cette première épreuve.

La vie du camp eût été monotone si la trahison piémontaise n'avait abrégé les délais. Exercices , corvées et soin des armes remplissaient la journée. A huit heures du soir l'aumônier du bataillon, Mgr Sacré, récitait la prière suivie des litanies de la sainte Vierge, auxquelles presque tous les volontaires répondaient. Puis, chacun retournait à sa tente et s'étendait sur quelques débris de paille, la tête appuyée sur son sac. Le dimanche, un autel était dressé au milieu du quartier réservé aux Franco-Belges. L'aumônier célébrait la messe et tous y assistaient, les plus pieux le chapelet à la main; Georges était de ce nombre.

Lorsqu'il n'était pas de service, il consacrait le reste de ce jour à visiter les environs de Terni. Le pauvre enfant faisait une ample provision de souvenirs de voyage, pour le cas où il eût revu la maison maternelle : heureusement qu'il faisait en même temps une abondante provision de mérites pour le jour bien prochain déjà de l'éternité !

Le 12 septembre, le général de Pimodan donna l'ordre du départ vers midi. Les braves jeunes gens partirent inquiets, frémissants, joyeux, sachant qu'ils se rapprochaient du champ de bataille si impatiemment attendu. Un soleil de plomb, suivi d'un orage affreux, conduisit la petite armée jusque sous les murs de Spolète. Les Franco-Belges furent installés tant bien que mal dans une vieille caserne abandonnée , et se couchèrent encore , tout ruisselants de pluie, sur de misérables paillasses.

Le 13, à trois heures du matin, on prit la route de Foligno : vers neuf heures , grande halte, et premier bon repas depuis Terni. Plusieurs se confessèrent le soir à Foligno ; Georges d'Héliand, étant de corvée , ne put le faire que plus tard , et une autre fois encore , la veille du combat.

Ce fut de cette petite ville de Foligno , sur laquelle brille còmme une auréole le souvenir d'une des plus célestes madones de Raphaël, que Georges écrivit sa dernière lettre à sa mère. Elle respire, comme les précédentes, le calme, l'énergie , le désir du combat, en même temps que la confiance en Dieu... « Priez bien pour moi, répète-t-il de nouveau avec une insistance inaccoutumée, j'espère que le bon Dieu me protégera. Je suis étonné de ce que j'ai fait quinze lieues en 24 heures sans être plus fatigué que je ne le suis. Évidemment Dieu est là ! »

Dieu était là en effet, lui qui est en même temps la vie et la voie qui mène à la vie ! Il était là , tenant le pauvre enfant par la main et le conduisant vers le lieu et le jour

bien prochain désormais du sacrifice suprême et de l'é-
ternelle récompense.

Le 14, la marche n'offrit rien de remarquable, la nuit
se passa sous la tente près du village de Serravalle,
situé au milieu des Apennins. Le 15, les tentes furent
pliées à deux heures du matin, et le soir on coucha à
Tolentino.

Le 16, départ pour Macerata. Après l'appel du soir
et la prière, l'aumônier lut, devant le bataillon, la lettre
du Saint-Père, qui accordait une indulgence plénière à
l'article de la mort. Des cris de : Vive Pie IX retentirent
de tous côtés. Le capitaine de Charette vint annoncer
que les Piémontais s'étaient emparés de Spolète et de
Terni, et engagea les Franco-Belges à se préparer à
bien faire leur devoir : de chaleureuses acclamations lui
répondirent, puis chacun regagna sa paillasse et dormit
profondément.

Le 17, pour éviter les lignes piémontaises, le corps
de Pimodan suivit une route détournée par les monta-
gnes. L'ordre fut donné de charger les armes, parce
que l'on avait cru apercevoir une colonne ennemie dans
la plaine. Du village de Monte-Sancto, au sommet des
Apennins, les braves volontaires de Pie IX aperçurent

et saluèrent le dôme de Notre-Dame-de-Lorette, comme autrefois les croisés, leurs aïeux, saluèrent de loin Jérusalem, la ville sainte.

Le soir, on campa à mi-côte entre Porto-di-Recanati et Lorette. Il y eut un moment bien solennel vers huit heures. Tous ces nobles jeunes gens, dont plusieurs devaient mourir le lendemain pour l'Église, firent la prière du fond du cœur, puis le commandant engagea « ceux qui n'étaient pas propres, à passer au bureau de M. l'aumônier, annonçant une journée chaude pour le lendemain. » Mgr Sacré confessa toute la nuit, et une dernière fois, avant Castelfidardo, les Franco-Belges allèrent reposer sous la tente et sur la terre nue.

Le 18, jour à jamais immortel pour la honte des Piémontais et la gloire des défenseurs du Saint-Siége, Georges d'Héliand et son cousin Zacharie, n'étant pas dans la même compagnie, ne purent que se serrer la main à la hâte avant l'action. De ces deux mains pures, loyales et fraternelles, l'une devait être froide à la fin de cette journée !

Dès le commencement du combat, Georges fut blessé à la jambe, et lorsqu'un de ses camarades, qui fut témoin de sa mort, M. Tellier, le rencontra dans la plaine, le brave jeune homme lui dit : « C'est ennuyeux , ma blessure m'a retardé, je suis en arrière, je veux pourtant monter jusqu'au haut de la colline. » C'était là en effet que se trouvait cette ferme des Cascines, immortalisée par l'héroïque résistance des Franco-Belges. En même temps Georges et son camarade aperçurent quatre Piémontais en face d'eux , Georges en ajusta un , le renversa et se baissa dans un fossé pour recharger son fusil ; puis il s'élança sur le rebord du fossé, malgré la recommandation de M. Tellier d'attendre la décharge des Piémontais. Au même instant Georges , frappé d'une balle à la tête, poussa un soupir, tomba dans la position d'un soldat qui met en joue et ne bougea plus.

Son camarade , obéissant à la défense faite aux simples zouaves de s'occuper des blessés , rejoignit le bataillon, et le soir, lors de la retraite, il retrouva Georges dans la même position, le visage calme et souriant. La cervelle était répandue sur la terre, et une mare de sang entourait la tête immobile du martyr. MM. du Bourg, le Gonidec, de Muller le virent également et confirmèrent la vérité de ces douloureux renseignements. Le capitaine de Charette, en descendant la colline, aperçut Georges qui faisait partie de sa compagnie, et dont il ignorait la mort. Ne le croyant que blessé, il s'approcha de lui et lui demanda s'il n'avait rien à faire dire à sa mère. N'obtenant pas de réponse, il s'approcha davantage, le souleva, et s'aperçut qu'il ne respirait plus. Il fallut abandonner sa dépouille mortelle, comme celle de ses compagnons, à la cruelle insouciance des Piémontais, qui les ensevelirent brutalement dans une fosse commune. Mais qu'importe et la sépulture, et la poussière du corps, et les blessures de la chair, et tout ce qui doit passer par la dissolution avant de ressusciter pour la gloire ! En pensant à ces jeunes et pures victimes, à ces vrais enfants du ciel, c'est au ciel qu'il faut regarder, et il faut dire et redire d'eux tout ce que la mère de Georges d'Héliand écrivait de son cher et bienheureux fils, en apprenant qu'il avait consommé son sacrifice.

« Je me le représente toujours au moment où la balle qui l'a frappé, a fermé ses yeux au jour de ce monde et les a ouverts à la lumière éblouissante du ciel. Quelle transformation ! On en jouit d'ici pour lui ! »

Oh ! oui, on en jouit pour lui, on en jouit pour eux tous, et ce n'est pas sur eux qu'il faut pleurer, mais sur ceux qui les aimaient et qui leur survivent, et plus encore sur leurs misérables vainqueurs !

Je m'en voudrais de terminer cette courte notice sur

Georges d'Héliand, sans transcrire ici un passage de l'admirable oraison funèbre que Mgr l'évêque de Poitiers, l'une des gloires les plus pures de l'Église de France, a consacré aux martyrs de Castelfidardo, et spécialement à celui d'entre eux qu'il avait plus particulièrement connu et aimé.

Les pages dans lesquelles l'illustre Pontife a soulevé un coin du voile étendu sur le sacrifice de Georges d'Héliand et de sa mère, et raconté au monde catholique quelques traits ignorés de cette héroïque histoire, sont les plus touchantes peut-être de cet incomparable discours, et je les cite avec ravissement :

« C'était la fleur de la distinction comme le modèle de la ferveur et de l'innocence, ce doux et délicat adolescent, Georges d'Héliand. A la veille du départ, il écrivait ces mots (que j'ai déjà cités plus haut) à un de ses maîtres : « Nous partons demain soir, ma mère a toujours le même courage, j'en voudrais avoir autant. La séparation est bien dure, c'est peut-être la dernière fois que je verrai ici-bas ma mère et mes sœurs. Je me console en pensant que je vais à Rome pour défendre la cause de Dieu. Si je reviens, pour ma mère je l'en bénirai ; si j'y meurs, j'ai la pleine confiance que ce sera pour mon plus grand bien. » Quelques jours avant la bataille, il écrivait encore : « Si je puis garder jusqu'au bout ma conscience aussi pure que je l'ai maintenant, je serai bien content et je n'aurai pas peur. Cela est dû à vos prières et à celles que nos mères font pour nous. » Il ajoutait : « On dit que nous aurons bientôt des engagements avec les garibaldiens. » (Dans leur honnêteté, ces jeunes gens n'en avaient jamais cru d'autres possibles.) « Je demande à leur chef d'attendre encore quinze jours, afin que je sache mieux charger mon fusil. Cependant, s'il venait dès demain, il peut être sûr qu'aucun français ne reculera d'un pas. Je ferai comme mon oncle de Quatrebarbes. Il récitait un *Memorare* au moment de l'action, pour dire à la sainte Vierge de le garder, et après il ne s'occupait que de porter le plus de coups et d'en recevoir le moins possible. »

« Vous avez entendu parler le fils, voulez-vous entendre parler la mère ? De tels monuments doivent être enregistrés avec soin, et la chaire sacrée ne déroge point à sa sainteté ni à sa dignité quand elle les publie en entier. « Vous avez la bonté d'être pour mon fils un second père ; priez donc avec nous pour que Dieu lui fasse miséricorde, s'il lui restait encore quelque chose à expier. Je reçois à l'instant une lettre qui m'apprend qu'il a eu la tête emportée le 18. Je devrais remercier Dieu qui a fait jouir mon Georges d'un bonheur que je n'aurais pu lui donner s'il me l'avait laissé, et surtout des grâces sans nombre qu'il a accordées à ce cher enfant pendant le peu de temps qu'il a passé sur cette terre. Plus heureuse que bien des mères, j'ai pu jouir un instant de la bonne conduite de mon Georges ; j'ai pu voir qu'il avait profité des principes reçus de vous et de ses pères. Puis, pour le préserver des dangers qu'il devait encore rencontrer, et pour le recevoir avec un cœur pur et sans souillures, le bon Dieu me l'a repris : que son saint nom soit béni ! »

« La mère qui parle ainsi est une veuve, celui dont elle faisait résolument le sacrifice à Dieu et à l'Église était un fils unique, un beau jeune homme de dix-huit ans, l'héritier d'un des beaux noms militaires de l'Anjou [1]. »

Telle est l'histoire du martyre de Georges d'Héliand, et telle est la couronne déposée sur son front pur et sanglant par la main de l'illustre évêque de Poitiers.

---

[1] Le nom d'Héliand n'est pas éteint, grâce à Dieu, comme semblerait l'indiquer cette phrase de Mgr de Poitiers. Il a encore dans le Maine et en Touraine plusieurs représentants qui le portent honorablement et qui sont fiers d'appartenir à la famille de notre martyr.

Que Dieu soit à jamais béni de donner au monde abâ-
tardi par les jouissances matérielles de tels exemples, à
son Église persécutée de telles consolations, de tels fils
aux mères chrétiennes, et de telles mères à ceux qu'il
appelle à combattre et à mourir pour lui!

LE COMTE DE SÉGUR.

Kermadéo, près Sainte-Anne, juillet 1864.

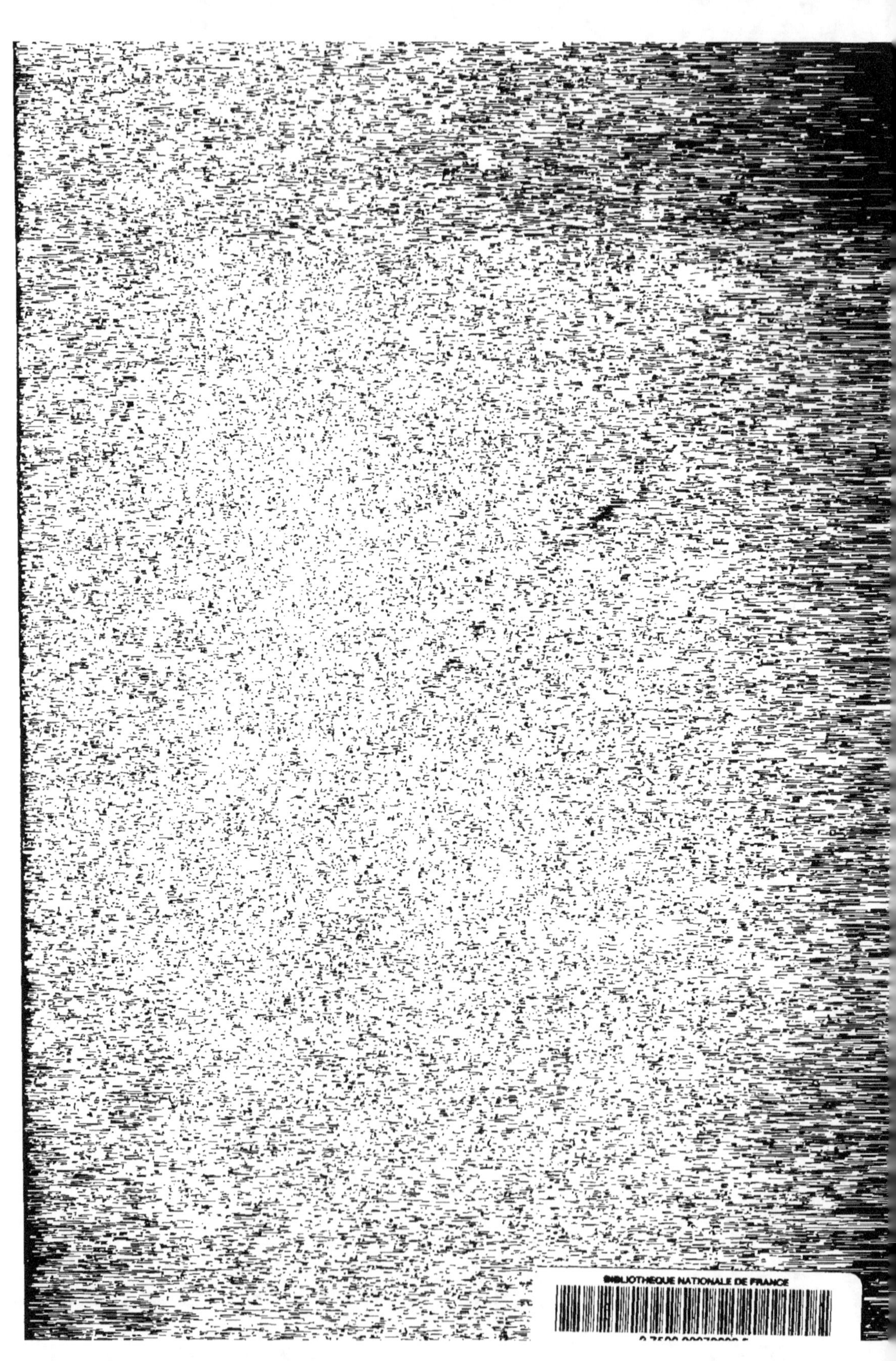